MÉTHODE RAISONNÉE

POUR

APPRENDRE A LIRE

ET A PRONONCER DISTINCTEMENT ;

PAR UN GRAND-PÈRE

POUR SES PETITS-ENFANTS.

Édition à l'usage des Élèves.

PARIS,
IMPRIMERIE ET LIBRAIRIE DE Mme Ve BOUCHARD-HUZARD,
7, RUE DE L'ÉPERON.

1848

On trouve à la même librairie l'édition à l'usage des instituteurs, contenant une direction d'enseignement.

PREMIÈRE PARTIE.

SONS OU VOYELLES.

Voyelles simples.

A a *a*   E é *é*   I i *i*   Y y *y*
O o *o*   U u *u*   e muet.

Voyelles composées.

ai   ei   œ   au   eau   eu   œu
ou   oi

Voyelles nasales.

an   am   en   em   on   om   un
um   in   im   yn   ym   ain
aim   ein

Diphthongues.

ia   ié   iai   io   iau   ieu   yeu
oui   ui   ian   ien   ien final   ion
oin   uin

DEUXIÈME PARTIE.

ARTICULATIONS OU CONSONNES.

PREMIÈRE SECTION. — *Labiales.*

1re B b *b*, <small>nom</small> be. — ab eb ob ub

<small>Sons articulés par la consonne b.</small> ba be bé bi bo bu bai bau beau beu bœu boi bou ban bam bin bon bom bun bain bui bien

2e P p *p*, <small>nom</small> pe. — ap ep ip op up oup

<small>Sons articulés par la consonne p.</small> pa pe pé pi py

po pu pai pei pau peau peu
poi pou pan pen pin pain
pein pon pom pio pieu pui
pié pion

3ᵉ M m *m*, *nom* me. — am em om ym

Sons articulés par la consonne m. ma me mé mi my mo mu moi meu mœu mai mau mou man men min mon main miau mieu moin mien

4ᶜ F f *f*, *nom* fe. — af ef if of uf oif euf œuf

Sons articulés par la consonne f. fa fe fé fi fo

fu fai fau foi feu fou fan
fen fin faim fein fon fum
fia fio fui foui foin

5ᵉ **Ph**, *nom* phe. — aph eph iph oph

Sons articulés par la consonne ph.   pha phe phé phi
phy pho phan phin phon

6ᵉ **V v *v***, *nom* ve. *Cette consonne ne termine jamais les syllabes.*

Sons articulés par la consonne v.   va ve vé vi vo
vu vai vei vau veau veu
vœu voi vou van ven vin
von vain via vio vieu vian

DEUXIÈME SECTION. — *Linguales invariables.*

1ʳᵉ **D d *d***, *nom* de. — ad ed id ud

Sons articulés par la consonne d.   da de dé di dy

do du dai dau deau deu
doi dou dan den din don
daim dia dieu dui dien

2ᵉ **J j *j*,** *nom* **je.** *Cette consonne ne termine pas les syllabes.*

Sons articulés par la consonne j. ja je jé jo ju
jau joi jeu jou jan jam jon
jui join juin

3ᵉ **K k *k*,** *nom* **ke.** *Termine rarement les syllabes.*

Sons articulés par la consonne k. ka ki ky ko kay
kin kio

4ᵉ **L l *l*,** *nom* **le.** — al el il ol
ul oil eul ieul

Sons articulés par la consonne l. la le lé li lo
lu lai lei lau loi lou

lan lam len lin lon lun lain

lié lieu lui lion lien

5ᵉ **N n** *n*, *nom* ne. — Lorsque cette consonne termine les syllabes, elle forme une nasale avec la voyelle qui la précède.

Sons articulés par la consonne **n**. na ne né ni no

nu nai nei nau neau neu

nœu noi nou nan non nom

nain nin niè niai nui nion

6ᵉ **R r** *r*, *nom* re. — ar er ir or

ur air eur œur our oir

Sons articulés par la consonne r. ra re ré ri ro

ru rai rei reau reu rou roi

ran ren rem rin ron rain

rio rieu rui rien

7ᵉ **Z z z**, *nom* **ze.** *Ne rend ordinairement pas de son à la fin des syllabes.*

Sons articulés par la consonne z. zi za ze zé zo

zu zy zin zain ziè

8ᵉ **Ch**, *nom* **che.** — **Auch.** *Termine rarement les syllabes.*

Sons articulés par la consonne ch. cha che ché chi

cho chu chai chau cheu

choi chan cham chon chou

chain chien

9ᵉ **Gn**, *nom* **gne.** *Ne termine jamais les syllabes.*

Sons articulés par la consonne gn. gna gne gné gni

gno gneau gneu gnoi gnon

TROISIÈME SECTION. — *Linguales variables.*

1ʳᵉ **C c c**, *nom* **que.** — ac ec ic
oc uc ouc inc onc

Sons articulés par la consonne c. ca   co   cu   cai
cau   coi   cou   cœu   can   cam
con   com   cun   cain   cui   coin

Changement de son.
C *comme* S *devant* e, i, y.   ce   cé   ci   cy
ceau   ceu   cen   cin   cein   cieu
cian   cien

Changement de forme.
C *comme* S *devant* a, o, u.   ça   çai   çu   çoi   çon

2ᵉ G g *g*, *nom* gue. — ag   eg   ig   ug
aug   oug

Sons articulés par la consonne g.   ga   go   gu   gai
goi   gou   gau   gan   gon
gain   goin

Changement de forme.
GU *pour* G *devant* e, i, y.   gue   gué   gui   gueu
guen   guin   guim

Changement de son.
G comme J devant e, i, y. ge gé gi gy

gen gin gim gein geu gion

Changement de forme et de son. GE pour J devant a, o, u. gea geai geoi geon

3ᵉ Q q *q*, *nom* que. — oq inq

Sons articulés par la consonne q. *Changement de forme. QU pour Q.* qua que

qué qui quo quoi queu

quan quin qu'on qu'un

4ᵉ S s *s*, *nom* se. — as es is os us

eus ous

Sons articulés par la consonne s. sa se sé si so

su sai sau seau seu sœu

soi sou san sen sem sin

sim   sei   son   som   sain   sein
siè   sui   sion   soin   sien

Changement de son. S entre deux voyelles, comme Z.   usa   aise   usé
asi   iso   ésu   asoi   ésou   oiseau
aisan   ousin   usain   ison   ésui
besoin   usion   isien

5ᵉ **T t** *t*, ᶯᵒᵐ te. — at   et   it   ot   ut

Sons articulés par la consonne t.   ta   te   té   ti   to
tu   tei   tau   teau   teu   toi   tou
tan   tam   ten   tem   tin   tim   ton
tom   tun   tain   tein   tié   tia
tie   tion   tien

Changement de son. T devant I diphthongue, comme S.   tia   tié   tie
tieu   tion   tien

6ᵉ **X x *x*,** *nom* cse. — ax ex ix ox ynx

Sons articulés par la consonne x. xa xe xé xi xo xu xeu xon xié xio

Changement de son. X initial, ou précédé de E seul, comme GZ. xa xé xi

exa exé exi exo exu exau exem

7ᵉ **Il** mouillé, *nom* ille. — ail eil il euil ouil

Sons articulés par la consonne il mouillée. *Changement de forme. ILL pour IL.* illa ille illé illi illo illau illeu illou illoi illan illon

H h *h*, *consonne muette qui n'articule pas.* — ah eh oh

Sons précédés de h.   ha   hé   hi   hy   ho   hu   heu   hum   hié   hui

H aspirée. — ha   hé   hi   ho   hu   hai   hau   hou   hon   hui.

TROISIÈME PARTIE.

LECTURE DES MOTS.

PREMIER EXERCICE : *Mots uniquement composés de voyelles articulées ou non articulées.*

Ami, âge, étoile, image, île, olive, utile, aisance, aile, ange, aubaine, Europe, oiseau, ouragan, ambigu, enfance, empire, indigne, imbécile, ainsi, balance, bâti, besoin, béni, bête, bêche, bijou, abîme, bocage, butin, boire, bureau, baignoire, bouton, bandeau, bambin, bombe, demande, désignation, dimanche, dupe, docile, dôme, dauphin, doute, danse, dindon, dialogue, conduire, fatuité, fenaison, fécule, fête, figue, figure, folie, fumée, faire, foire, fanfaron, fendu, fondu, feinte, fiole, fuite, foin, défiance, fouine, jalousie, jeton, jérémiade, joli, juge, jaune, joie, joujou, jambe, moka, Tokay, kilo, Koran, nankin, labyrinthe, leçon, liquide, légataire, lune, localité, laine, baleine, loupe, bouleau, langue, lampe, lendemain, longin, lion, lambin, lundi, poulain, liége, matin, mâtin, melon, mérite, mère, même, midi, mode, munition, maison, maudire, émeute, mensonge, mince, manchon, témoin, nature, neveu, niche, négoce, notaire, numéro, neige, nouveau, nuire, neuvième, nymphe, nièce, union, parole, péché, pâture, pelote, pêche, pipe, poli, puce, peine, paume, poire, poule, pantin, pendule, pinson, pompe, pontife, peinture, piéton, pioche, pieu, épuisé, lampion, rameau, râpe, lire, réponse, rire, réunion, rose, rivage, ruse, raison, reine, roi, taureau, route, rampe, serin, rompu, ruine, Rhône, Rhin, curiosité, vache, vérité, velu, vie, vêtu, volonté, vue, veine, veau, neveu, vœu, voilà, voûte, vente, vin, savon, violon, viande, gagné, phalange, philosophe, phénomène, physionomie, dauphin, siphon, montagne, magnifique, ognon, ignorance, seigneurie, mignon, agneau.

Cabane, Caïn, colère, cupidité, cause, conte,

2.

comte, courage, canton, campagne, chacun, coin, cuisine, ceci, cela, cerise, céleri, ciboule, cygne, centaine, ceinture, façade, reçu, leçon, maçon, gâteau, gala, godiche, goulu, légume, gaieté, gauche, élégance, gain, gambade, gondole, guenon, guérite, guignon, gueule, guindé, gelée, gêne, générosité, girafe, gencive, engin, légion, geai, pigeon, mangeoire, qualité, quiconque, quoique, quête, queue, quantième, quinte, salon, selon, séduire, sauce, silence, société, supériorité, soupe, suite, soin, pension, tisane, aise, usé, asile, isolé, cousin, bienfaisance, tison, fusain, jésuite, besoin, tête, confusion, tapage, tenace, témoin, thé, tige, tyran, toque, méthode, tulipe, taupe, manteau, teigne, toupie, tante, tendu, tombeau, étain, teinture, amitié, tuile, tien, minutie, satiété, patience, moxa, luxe, taxé, luxure, Saxon, exilé, exagération, exécution, exaucé, zizanie, onze, zéro, zone, azuré, zain, onzième, chameau, chemin, touché, chicane, chose, chaise, choisi, chaudière, bouchon, chanson, pillage, fille, muraille, taillé, bouilli, papillote, Guillaume, caillou, bouilloire, papillon, audience, patience, sapience, faïence, combien, mien, rien, chien, parisien, païen, habitude, hérésie, heure, huile, humanité, la hache, le héron, le hibou, la haine, la honte, adhésion, véhémence, véhicule, moyen, Mayence.

deuxième exercice : *Mots composés de voyelles suivies d'une ou de deux consonnes qui terminent la syllabe.*

Absolu, objection, subtil, Jacob, actif, bac, sac, bec, avec, lecture, victoire, basilic, fiction, nocturne, soc, occidental, tocsin, suc, duc, bouc, zinc, Octave, David, sud, admiration, if, adjonction, chef, vif, soif, adjectif, juif, relief, naïf, neuf, veuf, œuf, bœuf, canif, zigzag, joug, énigme, augmenté, suggestion, balcon, alcôve, calme, journal, cheval, signal, cordial, sel, réel, quelque, hôtel, ciel, fiel, miel, partiel, partial, il, fil, vil, exil, vol, colza, aïeul, Espagnol, épagneul, ulcère, cultivateur, sultan, gymnase, hymne, aptitude, julep, reptile, accepté, cap, soupçon, coq, cinq, arme, barbe, fardeau, gourmandise, garçon, guirlande, jardin, larme, marché, mer, pardon, mignardise, ermite, berceau, thermal, ver, fer, hier, hiver, enfer, amer, jupiter, subir, bondir, infirme, agir, pâlir, élargir, languir. martyr, virgule, borne, cordon, dormir, obéir, fortune, mortel, porte, sortir, tordu, dur, furtif, burlesque, mur, pur, azur, air, noir, fermoir, soir, bougeoir, ardeur, cœur, mangeur, humeur, longueur, largeur, vainqueur, peur, auteur, sœur, saveur, boxeur, tailleur, marcheur, cour, seigneur, labour, fourmi, jour, amour, source, pourquoi, castor, faste, jasmin, gascon, mastic, bascule, pasteur, vaste, bestial, destin, estime, festin, esturgeon, funeste, geste, question, lis, testateur, zeste, biscornu, distance, fiscal, risque, pistache, mystère, sophisme, historien, boston, costume, postillon, buste, justice, muscade, fat, rustique, caustique, net, subit, atlas, dot, mixtion, borax, phénix, lynx, expérience, gardien, Rodez, Suez, ail, portail, soleil, cil, deuil, seuil, fenouil, Joseph, diphthongue, compacte, abject, aspect, exact, suspect, succinct, arc, mars, ours, serf, busc, turc, fisc, ouest, cobalt, rapt.

TROISIÈME EXERCICE : *Mots composés de sons articulés, précédés d'une ou de deux autres consonnes, formant des doubles ou triples articulations.*

Blâmable, souhaitable, blé, blême, oubli, bloqué, blutoir, bleu, blaireau, tableau, blouse, blanchir, tromblon, clameur, miracle, clé, clou, clémence, cloche, écluse, éclaircir, cloison, clair, enclin, clientèle, flacon, soufre, fléchir, flocon, flûte, fleur, Flandre, flambeau, glace, ongle, étranglé, globe, glu, glaise, gloire, glouton, place, peuple, plénitude, plume, déplorable, plaisir, pleur, plein, plausible, emploi, planche, plainte, plongeon, pluie, brave, sabre, Brésil, bride, broche, brune, brun, braise, breuvage, branche, brin, bronze, ébruité, cravate, crâne, encre, crédule, écritoire, crochu, cruche, croire, croître, croupir, crampon, crin, craindre, ladre, drapeau, poudré, Madrid, drogue, dru, droiture, cadran, chaudron, fragile, gaufre, frémir, frire, frère, fromage, frugal, fraise, fraude, froidure, Françoise, française, frein, gradin, grenade, Grec, malgré, grêle, grison, grognon, grain, praticien, graine, groupe, grandir, chagrin, grondeur, grue, propre, pré, prêtre, prison, prune, preuve, proie, prouvé, prairie, prière, prendre, répréhensible, prince, travail, poutre, notre, votre, le nôtre, le vôtre, trésor, extrême, tribune, trictrac, trône, trophée, trumeau, traître, trahir, treize, octroi, troublé, théâtre, train, tranche, trembleur, ouvrage, pauvre, navré, avril, ivrogne, chevron, chevreau, phrase, camphre, phrénésie, phrygien, sbire, scapin, scorpion, sculpteur, scandale, slave, spasme, spécial, spectre, spirituel, statue, spoliateur, spontané, stagnation, stimulation, stérile, asphalte, asclépias, style, stoïque, svelte, stigmate, stupide, stentor, sphère, sphinx, psalmodie, psaume, pseudonyme, gnomonique, mnémonique, rhythme, thlaspi, sclérotique, scribe, scrupule, splendeur, strapontin, strélitz, strict, structure, strophe, instruire, distraction, abstraction, obstruction, inscription.

Exercice spécial pour les nasales.

Ange anéantir, bandeau banal, bonté bonheur, canton canon, fanfaron fanal, fendu fenêtre, ganse ganache, gencive genou, glande glaneur, honte honorable, incapable inutile, maintenir domaine, ambre amitié, imbécile image, nombre nominal, humble humide, languir lanière, linge linon, lundi lune, manchon manége, menteur meneur, mince minute, mondain monarque, ongle onagre, pancarte panache, pinceau pinacle, peintre peine, quinte quine, rampe rameau, rendu renoncule, rompre romain, semblable semaine, simple simulacre, singe sinuosité, songe sonore, tambourin tamarin, tendre tenir, timbale timide, tombe tome, tondre tonique, tringle Trinité, vendre venin, vindicatif vinaigre, chanson chanoine.

CAS PARTICULIERS QUI N'ONT PU ENTRER DANS LE SYLLABAIRE.

Consonnes doubles dont la première ne se prononce pas.

Abbé, accablé, accolade, accusé, occupation, accompagné, occulte, acclamation, accroché, affable, étoffe, affiche, offusqué, affluence, coffre, affranchir, aggravé, village, aggloméré, allure, Allemagne, collége, colline, ville, mille, million, homme, pomme, sommeil, hommage, canne, tonneau, connaître, apparence, grappe, appel, opposition, appui, supplice, apprendre, barrière, arrestation, arraché, arrogance, arrosoir, chasse, barreau, jarretière, assassin, assiduité, assortir, assurance, poisson, puissance, commission, botte, attitude, attention, atteindre, attristé, quittance, acquitté, acquisition, acquérir, sceau, sceptre, scène, scie, science, scission, ecclésiastique, effroi, effacé, elle, celle, belle, ennemi, essaim, essentiel, pierre, terre, terrain, mettre, sellette, trompette, squelette, serpette, acquiescé.

Consonnes doubles dont la première se prononce.

Accéléré, accidentel, occidental, addition, suggestion, allégorie, collatéral, métallique, allocution, illustre, illusion, scintillation, annal, immortel, ammoniaque, annexe, erreur, horrible, terreur, irrévocable.

Mots dans lesquels les consonnes finales ne se prononcent pas.

(*b*) plomb.
(*c*) tabac, estomac, cric, escroc, clerc, banc, blanc, flanc, franc, jonc, tronc.
(*d*) pied, nid, laid, froid, chaud, échafaud, nigaud, crapaud, muid, nœud, quand, grand, gland, friand, marchand, vagabond, fécond, profond, gond, rond, lard, canard, renard, gaillard, hasard, hagard, vieillard, nord, abord, discord, lourd, sourd.
(*f*) neuf *siècles*, cerf-*volant*, les œufs, les bœufs, chef-d'œuvre.
(*g*) rang, sang, étang, hareng, long, faubourg, poing.
(*l*) fusil, persil, gentil, outil, gril, baril.
(*p*) drap, sirop, trop, galop, coup, beaucoup, loup, camp, champ.
(*q*) cinq *francs*, coq d'*Inde*.
(*r*) monsieur, barbier, acier, grenadier, estafier, cahier, écolier, premier, dernier, papier, poirier, boursier, brasier, cuvier, tomber,

placer, garder, chauffer, loger, boulanger, parler, tromper, marquer, pleurer, verser, puiser, porter, prouver, marcher, rocher, berger, boucher, banquier.

(s) cas, bas, lilas, amas, cadenas, repas, verglas, bras, gras, embarras, décès, succès, près, congrès, les, des, mes, tes, ses, ces, tu es, brebis, paradis, logis, marquis, souris, gris, mépris, nos, vos, dos, os, repos, dispos, gros, abus, confus, verjus, camus, reclus, dessus, dessous, Anglais, Français, jamais, épais, marais, mauvais, bois, chamois, pois, bourgeois, Chinois, nous, vous, sous, dans, depuis, vers, revers, tiers, ailleurs, discours, secours.

(t) combat, avocat, orgeat, ingrat, chat, rat, jet, baudet, préfet, bouquet, juillet, discret, muet, maudit, profit, lit, nuit, circuit, petit, fruit, esprit, sabot, abricot, magot, cahot, ballot, mot, pot, canot, bientôt, début, bahut, salut, bienfait, souhait, lait, portrait, défaut, haut, saut, toit, droit, étroit, bout, tout, rempart, art, concert, expert, dessert, désert, couvert, tort, mort, effort, sort, transport, adjudant,

enfant, engageant, chant, brillant, éléphant, mendiant, savant, néant, cent, accident, argent, onguent, fragment, patient, orient, pont, front, dont, saint, peint, point, adjoint.
(*x*) prix, perdrix, flux, paix, faux, chaux, noix, voix, choix, croix, houx, doux, jaloux, roux, époux, eux, gracieux, affreux, fameux, yeux, gueux, heureux, furieux, vieux, minutieux, superstitieux.
(*z*) nez, riz.
(*ch*) almanach.

Mots dans lesquels les deux dernières consonnes ne se prononcent pas.

Instinct, poids, fonds, remords, legs, doigt, vingt, pouls, corps, temps, puits, faulx, prompt, exempt, Jésus-Christ, *il* est.

Les consonnes s *et* x, *qui indiquent le pluriel, ainsi que celles qui terminent les personnes des temps des verbes, ne se prononcent pas.*

Les roses doubles, les belles choses, les beautés

touchantes, les fleurs brillantes, les grandes personnes, les bons numéros, les rois célèbres, les bons travailleurs, les bains chauds, les jeux floraux, les premiers besoins, les chevaux rétifs, vœux libéraux, oiseaux rares, beaux bijoux, frêles roseaux, vos jeunes neveux.

Je suis, tu es, il est, nous sommes, vous êtes, ils sont, tu as, tu auras, ils ont, nous eûmes, étant, ayant, j'écris, tu reçois, il parlait, je veux, tu veux, il veut, nous donnons, vous donnez, vous faites, ils font, ils mangent, ils vivent, ils marchaient, ils liraient, vous recevez, vous recevrez, vous chantiez, vous liriez, vous auriez fait, finis, finissez, finissons, vous seriez touchés, elles seraient grondées.

EXCEPTIONS.

Lettres qui changent leur prononciation.

(s *pour* z)   Alsace, balsamine, transaction.
(c *pour* g)   second, seconder.
(g *pour* c)   bourg, gangrène.

(x pour s)   six, dix, dixième, deuxième, sixain, sixième.
(x pour ss)   Auxerre, Bruxelles.
(qu pour cou) quadruple, quacre, aquatique.
(qu pour cu) équitation, quintuple, équestre, équateur.
(gui pour guï) aiguille, onguiculé.
(ch pour c)   Munich, saint Roch, chlore, chrétien, christ, chronique, chrysalide, chaos, orchestre, écho, chœur, archange.
(y pour ii)   pays, paysan, rayon, layette, ayant.
(e pour a)   femme, décemment, prudemment, violemment, différemment, conséquemment, patiemment, indemnité.
(en pour in) benjoin, benjamin, Bengale.
(u pour o)   punch, rumb, rhum, décorum, opium.
(e pour eu)   cercueil, recueil, orgueil, œil.
(on pour o)   monsieur.

Lettres qui ne se prononcent pas dans le corps de quelques mots.

a *dans* Saône, taon.
e *dans* Caen.
o *dans* faon, paon, Laon.
l *dans* fils.
m *dans* damné, automne.
p *dans* baptême, exempter, compter, sept, promptitude.
t *dans* Metz.

Liaison des mots.

(b) robe écourtée.   ro-bécourtée.
    Nabab indien.   Naba-bindien.
    plomb en fusion.   *ne se lie pas.*
(c) force armée.   for-çarmée.
    roc escarpé.   ro-kescarpé.
    tabac en poudre.   *ne se lie pas.*
(d) remède irritant.   remè-dirritant.
    Alfred enfant.   Alfrè-denfant.
    grand homme.   gran-thomme.
    canard envolé.   cana-renvolé.
    nœud indissoluble.   *ne se lie pas.*

(f)	étoffe usée.	éto-fusée.
	expéditif en besogne.	expéditi-fen besogne.
(g)	ouvrage achevé.	ouvra-geachevé.
	bague ornée.	ba-gornée.
	joug intolérable.	jou-guintolérable.
	rang élevé.	ran-kélevé.
	étang empoissonné.	*ne se lie pas.*
(l)	modèle à suivre.	modè-là suivre.
	mal inévitable.	ma-linévitable.
	fusil armé.	*ne se lie pas.*
(m)	crime infâme.	cri-minfâme.
	Ibrahim égyptien.	Ibrahi-mégyptien.
	nom inconnu.	*ne se lie pas.*
(n)	reine adorée.	rei-nadorée.
	hymen accompli.	hymé-naccompli.
	un enfant.	un n'enfant.
	en hiver, en été.	en nhiver, en nété.
	bon ami.	bo-nami.
	un bien engagé.	*ne se lie pas.*
	vin bon à boire.	*ne se lie pas.*
(p)	taupe aveugle.	tau-paveugle.
	trop ardent.	tro-pardent.
	drap usé, loup enragé.	*ne se lie pas.*
(q)	marque indélébile.	mar-quindélébile.
	cinq enfants.	cin-quenfants.
	coq invincible.	co-quinvincible.
(r)	père indulgent.	pè-rindulgent.
	aimer à chanter.	aimé-ra chanter.

	portier indiscret.	*ne se lie pas.*
(s)	danse aisée.	dan-saisée.
	ruse infernale.	ru-zinfernale.
	lis élégant.	li-célégant.
	plus aimable.	plu-zaimable.
	les uns et les autres.	lé-zun-zet lé-zautres.
	lilas en fleur.	*ne se lie pas.*
(t)	porte ouverte.	por-touverte.
	dot en immeubles.	do-ten-nimmeubles.
	petit enfant.	peti-tenfant.
	vingt ans.	vin-tans.
	combat opiniâtre.	*ne se lie pas.*
(x)	luxe insolent.	lu-xinsolent.
	lynx animal.	lyn-xanimal.
	fâcheux accident.	fâcheu-zaccident.
	prix accordé.	*ne se lie pas.*
(z)	onze heures.	on-zheures.
	vous aimez encore.	vou-zaimé-zencore.
	riz au lait, nez au vent.	*ne se lie pas.*
(gn)	campagne agréable.	campa-gnagréable.
(ch)	bouche ouverte.	bou-chouverte.
(ph)	philosophe orgueilleux.	philoso-phorgueilleux.
	véritable amitié.	vérita-blamitié.
	spectacle affreux.	specta-claffreux.
	arbre arraché.	ar-brarraché.
	encre indélébile.	en-crindélébile.
	pacte offensif.	pa-ctoffensif.

L'apostrophe.

L'ami, l'étoile, l'image, l'oiseau, l'union, l'on, l'un, l'autre, d'argent, d'or, d'un et d'autre, d'y, qu'il, qu'elle, qu'un, qu'une, qu'est-ce? j'aime, il t'aime, tu l'aimes, il m'aime, c'est, s'est, s'il, j'y, t'y, s'y, l'y, m'y, n'y, lorsqu'il, puisqu'elle, quoiqu'on, quelqu'un, entr'autres, etc.

Signes de la ponctuation.

Le point	(.)	Le point d'interrogation	(?)
La virgule	(,)	Le trait d'union	(-)
Le point et virgule	(;)	La parenthèse	( )
Les deux points	(:)	Les guillemets	(« »)
Le point d'exclamation	(!)		

ALPHABET USUEL.

Toutes les lettres étant connues par les leçons qui précèdent, on les reproduit ici dans leur ordre alphabétique.

A B C D E F G H I
J K L M N O P Q R
S T U V X Y Z.

a b c d e f g h i
j k l m n o p q r
s t u v x y z.

a b c d e f g h i
j k l m n o p q r
s t u v x y z.

PRIÈRES.

Au nom du Père, et du Fils, et du Saint-Esprit. Ainsi soit-il.

ORAISON DOMINICALE.

Notre Père qui êtes aux Cieux, que votre nom soit sanctifié; que votre règne arrive; que votre volonté soit faite en la terre comme au Ciel. Donnez-nous aujourd'hui notre pain quotidien; et pardonnez-nous nos offenses comme nous pardonnons à ceux qui nous ont offensés; et ne nous abandonnez pas à la tentation, mais délivrez-nous du mal. Ainsi soit-il.

SALUTATION ANGÉLIQUE.

Je vous salue, Marie, pleine de grâce; le Seigneur est avec vous; vous êtes bénie entre toutes les femmes, et Jésus le fruit de vos entrailles est béni.

Sainte Marie, mère de Dieu, priez pour nous pauvres pécheurs maintenant et à l'heure de notre mort. Ainsi soit-il.

SYMBOLE DES APÔTRES.

Je crois en Dieu le Père Tout-Puissant, créateur du Ciel et de la terre, et en Jésus-Christ, son Fils unique, Notre-Seigneur, qui a été conçu du Saint-Esprit, est né de la Vierge Marie, a souffert sous Ponce-Pilate, a été crucifié, est mort et a été enseveli, est descendu aux enfers, le troisième jour est ressuscité des morts, est monté aux Cieux, est assis à la droite de Dieu le Père Tout-Puissant, d'où il viendra juger les vivants et les morts.

Je crois au Saint-Esprit, la sainte Église catholique, la communion des saints, la rémission des péchés, la résurrection de la chair, la vie éternelle. Ainsi soit-il.

CONFESSION DES PÉCHÉS.

Je confesse à Dieu tout-puissant, à la bienheureuse Marie toujours Vierge, à S. Michel archange, à S. Jean-Baptiste, aux saints apôtres Pierre et Paul, à tous les saints, que j'ai beaucoup péché par pensées, par paroles et par actions : c'est ma faute, c'est ma faute, c'est ma très-grande faute; c'est pourquoi je prie la bienheureuse Marie toujours Vierge, S. Michel archange, S. Jean-Baptiste, les saints apôtres Pierre et

Paul et tous les saints de prier pour moi le Seigneur notre Dieu.

ACTE D'ADORATION, DE FOI, D'ESPÉRANCE ET D'AMOUR.

Je vous adore, ô mon Dieu! avec la soumission que m'inspire la présence de votre souveraine grandeur. Je crois en vous, parce que vous êtes la vérité même. J'espère en vous, parce que vous êtes infiniment bon. Je vous aime de tout mon cœur, parce que vous êtes souverainement aimable; et j'aime le prochain comme moi-même pour l'amour de vous.

INVOCATION A LA SAINTE VIERGE.

Sainte Vierge, mère de Dieu, ma mère et ma patronne, je me mets sous votre protection, et je me jette avec confiance dans le sein de votre miséricorde. Soyez, ô mère de bonté, mon refuge dans mes besoins, ma consolation dans mes peines, et mon avocate auprès de votre adorable fils, aujourd'hui, tous les jours de ma vie, et particulièrement à l'heure de ma mort.

PRIÈRE A L'ANGE GARDIEN.

Ange du Ciel, mon fidèle et charitable guide, obtenez-moi d'être si docile à vos inspirations, et de régler si bien mes pas, que je ne m'écarte en rien de la voie des commandements de mon Dieu.

PRIÈRE AU SAINT PATRON.

Grand saint dont j'ai l'honneur de porter le nom, protégez-moi, priez pour moi, afin que je puisse servir Dieu comme vous sur la terre, et le glorifier éternellement avec vous dans le Ciel. Ainsi soit-il.

LES COMMANDEMENTS DE DIEU.

Un seul Dieu tu adoreras
Et aimeras parfaitement.
Dieu en vain tu ne jureras
Ni autre chose pareillement.
Les dimanches tu garderas,
En servant Dieu dévotement.
Tes père et mère honoreras,
Afin de vivre longuement.
Homicide point ne seras,
De fait ni volontairement.

Luxurieux point ne seras,
De corps ni de consentement.

Le bien d'autrui tu ne prendras,
Ni retiendras à ton escient.

Faux témoignage ne diras,
Ni mentiras aucunement.

L'œuvre de chair ne désireras,
Qu'en mariage seulement.

Biens d'autrui ne convoiteras,
Pour les avoir injustement.

LES COMMANDEMENTS DE L'ÉGLISE.

Les Fêtes tu sanctifieras,
Qui te sont de commandement.

Les Dimanches messe ouïras,
Et les Fêtes pareillement.

Tous tes péchés confesseras
A tout le moins une fois l'an.

Ton créateur tu recevras
Au moins à Pâques humblement.

Quatre-Temps, Vigiles, jeûneras,
Et le Carême entièrement.

Vendredi chair ne mangeras,
Ni le samedi mêmement.

ENFANCE DE JÉSUS.

L'ange Gabriel fut envoyé de Dieu dans une ville de Galilée appelée Nazareth, à une vierge qu'un homme de la maison de David, nommé Joseph, avait épousée ; et cette vierge s'appelait MARIE. L'ange, étant entré où elle était, lui dit : « Je vous salue, ô pleine de grâce ; le Seigneur est avec vous ; vous êtes bénie entre toutes les femmes. » Mais elle, l'ayant entendu, fut troublée de ses paroles, et elle pensait en elle-même quelle pouvait être cette salutation. L'ange lui dit : « Ne craignez point, Marie ; car vous avez trouvé grâce devant Dieu. Vous concevrez dans votre sein, et vous enfanterez un fils à qui vous donnerez le nom de JÉSUS. Il sera grand et sera appelé le fils du Très-Haut ; le Seigneur Dieu lui donnera le trône de David, son père ; il régnera éternellement sur la maison de Jacob, et son règne n'aura point de fin. » Alors Marie dit à l'ange : « Comment cela se fera-t-il ? car je ne connais point d'homme. » L'ange lui répondit : « Le Saint-Esprit surviendra en vous, et la vertu du Très-Haut vous couvrira de son ombre ; c'est pourquoi le fruit saint qui naîtra de vous sera appelé le fils de Dieu..... » Alors Marie lui dit : « Voici la servante du Seigneur ; qu'il me soit fait selon votre parole. » Ainsi l'ange se sépara d'elle.

Lorsque le temps fut venu, on publia un édit de César-Auguste, pour faire un dénombrement des habitants de toute la terre..... Et, comme tous allaient se faire enregistrer chacun dans sa ville, Joseph partit aussi de la ville de Nazareth, qui est en Galilée, et vint en Judée à la ville de David, appelée Bethléem, parce qu'il était de la maison et de la famille de David, afin de se faire enregistrer avec Marie, son épouse, qui était grosse. Pendant qu'ils étaient là, il arriva que le temps auquel elle devait accoucher s'accomplit ; et elle enfanta son fils premier-né, et, l'ayant emmaillotté, elle le coucha dans une crèche, parce qu'il n'y avait pas de place pour eux dans l'hôtellerie.

Or il y avait, aux environs, des bergers qui passaient la nuit dans les champs, veillant tour à tour à la garde de leur troupeau. Tout d'un coup un ange du Seigneur se présenta à eux, et une lumière divine les environna, ce qui les remplit d'une extrême crainte. Alors l'ange leur dit : « Ne craignez point, car je viens vous apporter une nouvelle qui sera pour tout le peuple le sujet d'une grande joie : c'est qu'aujourd'hui, dans la ville de David, il vous est né un Sauveur, qui est le Christ, le Seigneur. Voici la marque à laquelle vous le reconnaîtrez : vous trouverez un enfant emmaillotté, couché dans une crèche. » Au même instant il se joignit à l'ange une grande troupe de l'armée céleste, louant Dieu et disant : « Gloire à Dieu, au plus haut des Cieux, et paix sur la terre aux hommes chéris de Dieu! »

Après que les anges se furent retirés dans le Ciel, les bergers se dirent l'un à l'autre : « Passons jusqu'à Bethléem, et voyons ce qui est arrivé et ce que le Seigneur nous a fait connaître. » S'étant donc hâtés d'y aller, ils trouvèrent Marie et Joseph, et l'enfant couché dans une crèche; et, l'ayant vu, ils reconnurent la vérité de ce qui leur avait été dit touchant cet enfant. Tous ceux qui l'entendirent admirèrent ce qui leur avait été rapporté par les bergers. Or Marie conservait toutes ces choses en elle-même, les repassant dans son cœur. Les bergers s'en retournèrent, glorifiant et louant Dieu de toutes les choses qu'ils avaient entendues et vues, selon qu'il leur avait été dit.

Le huitième jour, où l'enfant devait être circoncis, étant arrivé, il fut nommé Jésus, qui était le nom que l'ange avait annoncé avant qu'il fût conçu dans le sein de sa mère.

Le temps de la purification de Marie étant accompli, d'après la loi de Moïse, ils le portèrent à Jérusalem pour le présenter au Seigneur, selon qu'il est écrit dans la loi : « Tout enfant mâle premier-né sera consacré au Seigneur ; et aussi afin de donner ce qui devait être offert en sacrifice, deux tourterelles, ou deux petits de colombes. »

Or il y avait dans Jérusalem un homme juste et craignant Dieu, nommé Siméon, qui vivait dans l'attente de la consolation d'Israël, et le Saint-Esprit était en lui. Il lui avait été révélé par le Saint-Esprit qu'il ne mourrait point avant qu'il n'eût vu le Christ du Seigneur. Il vint donc au temple par un mouvement de l'esprit de Dieu, et comme le père et la mère de l'enfant Jésus l'y portaient, afin d'accomplir pour lui ce que la loi avait ordonné, il le prit entre ses bras

et bénit Dieu en disant : « C'est maintenant, Seigneur,
« que vous laisserez mourir en paix votre serviteur,
« selon votre parole, puisque mes yeux ont vu le Sau-
« veur que vous nous donnez et que vous destinez
« pour être exposé à la vue de tous les peuples, comme
« la lumière qui éclaire les nations et la gloire d'Is-
« raël, votre peuple. »

Le père et la mère de Jésus étaient dans l'admiration des choses qu'on disait de lui, et Siméon les bénit et dit à Marie, sa mère : « Cet enfant est pour la
« ruine et pour la résurrection de plusieurs dans Is-
« raël, et pour être en butte à la contradiction des
« hommes, jusque-là que votre âme même sera percée
« comme par une épée, afin que les pensées cachées
« dans le cœur de plusieurs soient découvertes. »

Il y avait aussi une prophétesse nommée Anne, fille de Phanuel, de la tribu d'Aser, qui était veuve et âgée de quatre-vingt-quatre ans, et elle demeurait sans cesse dans le Temple, servant Dieu jour et nuit dans les jeûnes et dans les prières. Étant donc survenue en ce même instant, elle se mit aussi à louer le Seigneur et à parler de lui à tous ceux qui attendaient la rédemption d'Israël.

Quelque temps après la naissance de Jésus, lorsque le roi Hérode régnait en Judée, des mages vinrent de l'orient à Jérusalem, et ils demandèrent : « Où est le roi des Juifs, qui est nouvellement né? car nous avons vu son étoile en orient et nous sommes venus l'adorer. » Ce que le roi Hérode ayant appris, il en fut troublé, et toute la ville de Jérusalem avec lui. Ayant assemblé tous les princes des prêtres et les scribes ou docteurs du peuple, il s'enquit d'eux où devait naître le Christ. Ils lui dirent que c'était dans Bethléem, de la tribu de Juda, selon ce qui a été écrit par le prophète : « Et toi, Bethléem, terre de Juda, tu n'es pas la dernière d'entre les principales villes de Juda, car c'est de toi que sortira le chef qui conduira mon peuple d'Israël. » Alors Hérode, ayant fait venir les mages en particulier, s'enquit d'eux avec grand soin du temps auquel l'étoile leur était apparue; et les envoyant à Bethléem, il leur dit : « Allez, informez-vous exactement de cet enfant, et, lorsque vous l'aurez trouvé, faites-le-moi savoir, afin que j'aille aussi moi-même l'adorer. »

Ayant entendu ces paroles du roi, ils partirent; et en même temps l'étoile qu'ils avaient vue en orient allait devant eux, jusqu'à ce qu'étant arrivée sur le lieu où était l'enfant, elle s'y arrêta. Lorsqu'ils virent l'étoile, ils furent transportés d'une extrême joie; et, entrant dans la maison, ils trouvèrent l'enfant avec Marie, sa mère; ils se prosternèrent en terre et l'adorèrent; puis, ouvrant leurs trésors, ils lui offrirent pour présents de l'or, de l'encens et de la myrrhe. Ayant reçu, pendant qu'ils dormaient, un avertissement du Ciel de ne point aller retrouver Hérode, ils s'en retournèrent dans leur pays par un autre chemin.

Après que les mages furent partis, un ange du Seigneur apparut à Joseph pendant qu'il dormait, et lui dit : « Levez-vous, prenez l'enfant et sa mère; fuyez en Égypte, et demeurez-y jusqu'à ce que je vous dise d'en revenir; car Hérode cherchera l'enfant pour le faire mourir. Joseph, s'étant levé, prit l'enfant et sa mère durant la nuit, et se retira en Égypte, où il demeura jusqu'à la mort d'Hérode, afin que cette parole que le Seigneur avait dite par le prophète fût accomplie : « J'ai rappelé mon fils de l'Égypte. »

Hérode, voyant que les mages s'étaient moqués de lui, entra dans une grande colère, et il envoya tuer dans Bethléem et dans tout le pays d'alentour tous les enfants âgés de deux ans et au-dessous, selon le temps dont il s'était enquis exactement des mages.

Hérode étant mort, un ange du Seigneur apparut à Joseph, en Égypte, pendant qu'il dormait, et lui dit : « Levez-vous, prenez l'enfant et sa mère, et retournez dans le pays d'Israël, car ceux qui cherchaient l'enfant pour lui ôter la vie sont morts. » Joseph, s'étant levé, prit l'enfant et sa mère, et se mit en chemin pour revenir dans le pays d'Israël. Mais ayant appris qu'Archélaüs régnait en Judée, en la place d'Hérode, son père, il appréhenda d'y aller; et ayant reçu, pendant qu'il dormait, un avertissement du Ciel, il se retira dans la Galilée et vint demeurer dans une ville appelée Nazareth, afin que cette prédiction des prophètes fût accomplie : « Il sera appelé Nazaréen. »

Cependant l'enfant croissait et se fortifiait, étant rempli de sagesse, et la grâce de Dieu était en lui. Son père et sa mère allaient tous les ans à Jérusalem, à la fête de Pâques. Lorsqu'il fut âgé de douze ans, ils y allèrent, selon ce qu'ils avaient accoutumé, au temps de la fête. Quand les jours de la fête furent passés, lorsqu'ils s'en retournaient, l'enfant Jésus demeura dans Jérusalem, sans que son père ni sa mère s'en aperçussent. Pensant qu'il serait avec quelqu'un de ceux de leur compagnie, ils marchèrent durant un jour. Ils le cherchaient parmi leurs parents et ceux de leur connaissance ; mais, ne l'ayant pas trouvé, ils retournèrent à Jérusalem pour l'y chercher. Trois jours après, ils le trouvèrent dans le Temple, assis au milieu des docteurs, les écoutant et les interrogeant ; et tous ceux qui l'écoutaient étaient ravis en admiration de sa sagesse et de ses réponses. Lors donc qu'ils le virent, ils furent remplis d'étonnement, et sa mère lui dit : « Mon fils, pourquoi avez-vous agi ainsi avec nous ? Voilà votre père et moi qui vous cherchions, étant tout affligés. » Il leur répondit : « Pourquoi me cherchiez-vous ? Ne saviez-vous pas qu'il faut que je sois occupé à ce qui regarde le service de mon père ? » Mais ils ne comprirent point ce qu'il leur disait. Il s'en alla ensuite avec eux, vint à Nazareth, et il leur était soumis. Or sa mère conservait dans son cœur toutes ces choses, et Jésus croissait en sagesse, en âge et en grâce devant Dieu et devant les hommes.

AMOUR DE JÉSUS-CHRIST POUR LES ENFANTS.

On présenta à Jésus des petits enfants, afin qu'il leur imposât les mains et qu'il priât pour eux; et, comme ses disciples les repoussaient avec des paroles rudes, Jésus leur dit : « Laissez là ces enfants, et ne les empêchez pas de venir à moi, car le royaume du Ciel est pour ceux qui leur ressemblent; » et, leur ayant imposé les mains, il partit de là.

En ce même temps, les disciples s'approchèrent de Jésus et lui dirent : « Qui est le plus grand dans le royaume des Cieux? » Jésus, ayant appelé un petit enfant, le mit au milieu d'eux et leur dit : « Je vous dis, en vérité, que, si vous ne vous convertissez et si vous ne devenez comme de petits enfants, vous n'entrerez point dans le royaume des Cieux. Quiconque donc s'humiliera et se rendra petit comme cet enfant, celui-là sera le plus grand dans le royaume des Cieux; et quiconque reçoit en mon nom un enfant tel que je viens de dire, c'est moi-même qu'il reçoit. »

Un homme appelé Jaïr, qui était un chef de synagogue, vint auprès de Jésus, et, se prosternant à ses pieds, il le suppliait de venir dans sa maison, parce qu'il avait une fille unique, âgée d'environ douze ans, qui se mourait; et, comme Jésus y allait, quelqu'un vint dire au chef de la synagogue : « Votre fille est morte; ne donnez pas davantage de peine au maître. » Mais Jésus, ayant entendu cette parole, dit au père de la fille : « Ne craignez point; croyez seulement, et elle vivra. » Étant arrivé au logis, il ne laissa entrer personne que Pierre, Jacques et Jean, avec le père et la mère de la fille; et, comme tous ceux de la maison la pleuraient en se frappant la poitrine, il leur dit : « Ne pleurez point; cette fille n'est pas morte, mais seulement endormie. » Mais ils se moquaient de lui, sachant bien qu'elle était morte. Jésus donc, la prenant par la main, lui cria : « Ma fille, levez-vous! » Et son âme étant retournée dans son corps, elle se leva à l'instant; et il commanda qu'on lui donnât à manger. Alors son père et sa mère furent remplis d'étonnement. Il leur recommanda de ne dire à personne ce qui était arrivé.

Un jour Jésus allait dans une ville appelée Naïm, et ses disciples l'accompagnaient avec une grande foule de peuple. Lorsqu'il était près de la porte de la ville, il arriva qu'on portait en terre un mort, qui était fils unique de sa mère, et cette femme était veuve. Il y avait avec elle une grande quantité de personnes de la ville. Le Seigneur, l'ayant vue, fut touché de compassion envers elle, et lui dit : « Ne pleurez point; » et, s'approchant, il toucha le cercueil : ceux qui le portaient s'arrêtèrent; alors il dit : « Jeune homme, levez-vous, je vous le commande ! » En même temps le mort se leva sur son séant et commença de parler; et Jésus le rendit à sa mère. Tous ceux qui étaient présents furent saisis de frayeur, et ils glorifiaient Dieu en disant : « Un grand prophète a paru au milieu de nous, et Dieu a visité son peuple ! »

Les princes des prêtres et les scribes voyant les merveilles que Jésus avait faites, et les enfants qui criaient dans le Temple et qui disaient : « Hosanna! salut et gloire au fils de David! » en conçurent de l'indignation et lui dirent : « Entendez-vous bien ce qu'ils disent? » Oui, leur dit Jésus. Mais n'avez-vous jamais lu cette parole : « Vous avez tiré la louange la plus
« parfaite de la bouche des petits enfants et de ceux
« qui sont à la mamelle? »

www.ingramcontent.com/pod-product-compliance
Lightning Source LLC
LaVergne TN
LVHW021703080426
835510LV00011B/1551